Dieses
Buch gehört:

Impressum

Creative Girls. Das fantastische Bastelbuch für Mädchen

Bildquellen
Fotos mit Kindern, Arbeitsschrittfotos:
Sybille Rogaczewski-Nogai
Alle übrigen Fotos:
fox-freiburg

Illustrationen
Olena Antonova © www.fotolia.de

Lektorat, Zeichnungen, Satz & Gestaltung
fox-freiburg

Redaktion
Susanne Weisser

Covergestaltung
GrafikwerkFreiburg

Reproduktion
Meyle + Müller GmbH & Co. KG, Pforzheim

Druck & Bindung
Himmer AG, Augsburg

www.christophorus-verlag.de

ISBN 978-3-8411-0130-3
Art-Nr. VB110130

Sybille Rogaczewski-Nogai

Creative Girls

Das fantastische Bastelbuch für Mädchen

velber
kinderbuch

Inhalt

Für dich!

Möchtest du gern dein Zimmer neu ausstatten oder dein Outfit aufpeppen und verändern, weißt aber nicht, wie du anfangen sollst? Es gibt ja auch kaum etwas Cooleres, als selbst gestalteten Schmuck, der genau zu deinen Kleidern passt: ein Anhänger, der perfekt auf deine Tasche abgestimmt ist, oder ein Stirnband, das zum absoluten Hingucker wird. Und deine Freundinnen werden staunen, wenn sie in deinem Reich das knuddelige Kuschelkissen, die fröhlich bunte Pinnwand oder die süßen Ordnungsgläser entdecken.

Natürlich macht es genauso viel Freude, deine Familie oder deine Freundinnen mit einem selbst gemachten Werk zu überraschen! Ob Rollmäppchen, Blumenvase oder Schmuckkästchen, Freundschaftsband, Wandspiegel oder Schlüsselkrokodil: Dein Geschenk wird supergut ankommen und ganz bestimmt einen Ehrenplatz erhalten.

Also nichts wie ran an Schere, Klebstoff und Farbe! Du wirst sehen: Hast du erst mal angefangen, magst du gar nicht mehr mit dem Basteln aufhören und du wirst alle um dich herum mit deiner Begeisterung anstecken!

Viel Spaß!

Sybille

Basteltipps

Basteln ist gar nicht schwer, wenn du ein paar Dinge beachtest.

Bitte unbedingt lesen!

Vorzeichnen

- Wenn du mit Papier bastelst, zeichnest du die Motive mit Bleistift vor. Bei Moosgummi, Filz, Stoff und Wachstuch verwendest du einen Kugelschreiber.

- Für einige Motive sind Vorlagen auf den Seiten 60/61 abgebildet. Pause die Umrisse des ausgewählten Motivs auf Transparentpapier (Butterbrotpapier). Klebe die Zeichnung auf Karton und schneide sie aus. Diese Schablone legst du auf dein Bastelmaterial und zeichnest die Umrisse mit Blei- oder Filzstift nach.

- Zeichne gerade Linien mithilfe von Lineal oder Geodreieck. Für Kreise verwendest du einen Zirkel oder suchst dir eine passende Schablone, zum Beispiel eine Münze oder einen runden Deckel.

Schneiden

- Beim Schneiden drehst du dein Modell in der Hand. Schneide ruhig und gleichmäßig.

- Moosgummi solltest du, ohne abzusetzen, in einem einzigen „Rutsch" schneiden.

Kleben

- Zum Kleben von Papier verwendest du einen flüssigen Alleskleber oder einen Klebestift. Für Moosgummi, Filz, Fleece, Stoff und Wachstuch eignet sich ein weißer Bastelkleber, der durchsichtig auftrocknet.

- Verwende immer nur wenig Klebstoff. Trage ihn etwas vom Rand entfernt dünn auf, damit er beim Zusammenpressen beider Teile nicht austritt.

- Manchmal ist es hilfreich, die Klebestellen aufeinanderzudrücken, bis der Klebstoff getrocknet ist. Dafür eignen sich Wäscheklammern aus Plastik oder bei flachen Teilen auch Büroklammern.

Plusterpen

- Ideal für Verzierungen wie Punkte, Linien und Ornamente sind die sogenannten Plusterpens. Ihr Vorteil gegenüber Filzstiften ist, dass die Linien und Punkte sich vom Untergrund abheben.

- Sie haften auf vielen Untergründen wie Papier, Pappe, Holz, Glas usw.

- Du bekommst sie im Bastel- oder Schreibwarengeschäft in vielen Farbtönen.

- Drücke den Stift beim Ziehen der Linien gleichmäßig auf und bewege ihn ruhig und zügig. Hast du dich vermalt, kannst du den Fehler mit einem Wattestäbchen ausbessern.

- Bewahre die Stifte auf dem Deckel stehend auf, damit sie jederzeit einsatzbereit sind.

- Du brauchst die Farbe nicht mit einem Föhn erhitzen (aufplustern) wie es in der Anleitung der Stifte angegeben ist, für unsere Modelle genügt der einfache Farbauftrag.

Ein Wort, das im Buch immer wieder vorkommt und das du vielleicht nicht kennst, ist „Durchmesser". Die rote Linie mit den beiden Pfeilen zeigt dir den Durchmesser des abgebildeten Kreises.

Wo du das Material bekommst

- Zum Beispiel farbige Papiere, Bastelfilz, Moosgummi, Acrylfarben, Stifte, Holzperlen, Strasssteine, Pailletten, Wackelaugen, kleine Rundkopfklammern, Karabiner, Schlüsselring, Klebstoff: im Bastelgeschäft
- Fleece: im Stoff- oder Bastelgeschäft
- Wachstuch: Kaufhaus, Möbelhaus, Baumarkt
- Korkuntersetzer, Spiegelrahmen: Möbelhaus
- Restmaterial wie Pappe von Kartons, Deckel von Spraydosen, Eierbehälter, Käseschachteln, Woll- und Geschenkbandreste gibt es wahrscheinlich bei euch zu Hause.

Grundmaterial, das du fast immer brauchst:

- Schere ● Bleistift
- Kugelschreiber / Filzstift, wasserfest
- Bastelkleber ● Alleskleber
- Wäscheklammern
- Transparentpapier und Karton für Schablonen
- Lineal, Geodreieck, Maßband
- bei Verwendung von Farben: Borstenpinsel, Wasserglas

9

Für
mein Zimmer

10

Dein Zimmer ist der wichtigste Ort, an den du dich zurück-
ziehst, wenn du einfach mal deine Ruhe brauchst. Dort kannst
du dich erholen und lesen, dich mit deinen Hobbys beschäfti-
gen oder dich mit deinen Freundinnen treffen.
Dein Zimmer soll natürlich so aussehen, dass du dich darin
wohlfühlst: mit tollen Sachen in deinen Lieblingsfarben, gemüt-
lich, bequem und praktisch. Du kannst Schönes an die Wände
hängen, Kuscheliges auf deinem Bett platzieren und Lustiges
auf deinen Schreibtisch stellen: So wirkt dein Zimmer ganz
persönlich. Vieles davon lässt sich einfach selber machen,
probiere es aus!

Für mein Zimmer

Türschild

Mit diesem Schild an deiner Zimmertür weiß jeder Besucher gleich, wie es dir gerade geht!

Du brauchst:

◉ Grundmaterial Seite 9
◉ ausgediente CD-ROM
◉ Moosgummi in Orange, 30 x 45 cm; in Rot, 20 x 30 cm
◉ dünne Pappe, 6 x 12 cm
◉ Plusterpen ◉ Rundkopfklammer
◉ dicke Stopfnadel ◉ Zacken-schere ◉ Deckel, ca. 5 cm Durchmesser

So geht's:

1 Lege die CD mitten auf das orangefarbene Moosgummi und umfahre sie mit einem Filzstift oder Kugelschreiber.

2 Zeichne um diesen Kreis sechs Blütenblätter (siehe Vorlage auf Seite 61 und Abbildung 1). Es ist kein Problem, wenn du die Form verbesserst, denn das wird die Rückseite deines Tür-schildes. Schneide die Form mit möglichst wenig Absetzen aus.

3 Lege die CD auf rotes Moosgummi, zeichne den Umriss nach und schneide den Kreis 1 cm von der Linie entfernt mit der Zackenschere aus.

4 Verwende den Deckel als Schablone und schneide einen kleineren Kreis aus rotem Moosgummi sowie zwei Kreise aus Pappe. Außerdem brauchst du einen Pfeil aus Moos-gummi (3 x 12 cm).

5 Stich mit der Nadel in die Mitte der Kreise und ins Pfeilende 1 cm vom Rand entfernt.

6 Lege aufeinander: Blüte, erste Pappscheibe, Pfeil, zweite Papp-scheibe, großen Kreis, CD, kleinen Kreis (Abbildung 2). Stecke die Klammer durch alle Schichten und biege die Enden auseinander.

7 Beschrifte alles mit Plusterpen.

KOMME GLEICH

BITTE NICHT STÖREN

BITTE ANKLOPFEN

HIER WOHNT LOLA

EINTRITT NUR FÜR BEFUGTE

KOMM REIN

BIN NICHT DA

Du kannst das Schild mit wiederablösbaren Klebepads an deiner Tür anbringen. Frage aber unbedingt deine Eltern vorher um Erlaubnis.

Kuschelkissen

Dieses weiche, flauschige Kissen zum Kuscheln für dein Bett oder dein Sofa ist genau richtig zum Träumen!

So geht's:

1 Lege das Fleece in der Mitte zusammen (30 x 45 cm). Klebe die 45 cm langen Ränder mit Bastelkleber aufeinander und halte sie mit Wäscheklammern zusammen, bis der Kleber getrocknet ist. Jetzt erhältst du eine Röhre.

2 Wende das Innere der Röhre nach außen. Binde eine offene Seite mit einem 50 cm langen Geschenkband zusammen.

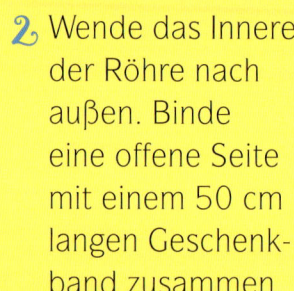

3 Stopfe die Hülle mit Füllwatte aus und binde sie zu. Schneide am oberen Ende Fransen ein.

4 Nun fehlt noch das Gesicht. Schneide für die Augen je zwei Kreise aus Filz. Als Schablonen kannst du Deckel und Münzen verwenden. Schneide für den Mund ein Herz aus. Klebe die Augen, Wimpern und eine Mundlinie aus Wolle auf.

Fleece ist ein weicher Kuschelstoff, der hauptsächlich für warme Mützen, Handschuhe, Jacken, Hosen und Decken verwendet wird. Du kannst ihn in verschiedenen Farben im Stoffgeschäft kaufen.

Schreibtischgläser

Ordnung auf dem Schreibtisch! Büroklammern, Radiergummis, Tintenpatronen, Klebefilmrollen, Nadeln und vieles mehr kannst du in diesen schön verzierten Gläsern übersichtlich aufbewahren.

So geht's:

1 Schneide kleine Motive wie Blüten, Herzen oder Obst aus den Motivservietten. Für jedes Aufbewahrungsglas brauchst du sieben bis zehn Motive. Ziehe die weißen Papierlagen vorsichtig ab.

2 Streiche mit dem Pinsel den Serviettentechniklack in Motivgröße auf die Gläser. Lege die Motive vorsichtig auf und überstreiche sie mit dem Lack. Nun muss alles gut trocknen.

3 Umrande jedes Motiv mit Plusterpen und lass die Farbe trocknen.

4 Zwischen die Serviettenmotive setzt du mit Plusterpen kleine Punkte, Spiralen oder Kringel.

5 Schreibe mit Plusterpen auf den Deckel, womit du das Glas füllen willst.

Du brauchst:

○ Grundmaterial Seite 9
◎ Marmeladengläser
◎ Servietten mit kleinen Motiven
◎ Serviettentechniklack
◎ Plusterpen in Gelb, Orange, Pink, Rot
◎ weichen Pinsel

BÜRO-KLAM-MERN

PINS

RADIERER

KLEBE-BAND

Stiftehalter

Der Wal hat in seinem Bauch viel Platz für deine Stifte. Stelle ihn auf deinen Schreibtisch oder in ein Regal.

Du brauchst:

◉ Grundmaterial Seite 9
◉ Schachtel von Schmelzkäse
◉ Fotokarton in Hell- und Dunkelblau, je 50 x 9 cm
◉ Pailletten in Muschelform
◉ 2 Wackelaugen, 18 mm Durchmesser

So geht's:

1 Benutze die Käseschachtel als Schablone und schneide zwei Kreise aus dem hellblauen Fotokarton. Klebe sie oben und unten auf die Schachtelflächen.

2 Schneide einen hellblauen Streifen Fotokarton von etwa 9 x 25 cm aus. Verbinde beide Schachtelhälften, indem du den Streifen erst um eine, dann um die zweite Schachtelhälfte klebst. Wäscheklammern helfen beim Fixieren. Verdecke noch sichtbare Ränder mit schmaleren Streifen.

3 Schneide einen dunkelblauen Fotokartonstreifen aus, der 9 cm breit ist und 27 cm lang. An einem Ende zeichnest du die Schwanzflosse frei oder nach der Vorlage von Seite 60 auf und schneidest sie aus. Klebe den Streifen so um den „Bauch" des Wals, dass du die Flosse nach außen biegen kannst.

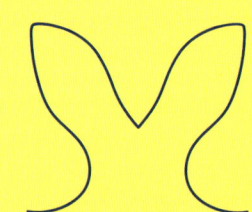

So könnte die Schwanzflosse aussehen. Auf Seite 60 ist sie in Originalgröße als Vorlage abgebildet.

4 Klebe den Behälter nun auf eine quadratische Standfläche aus Fotokarton.

5 Gestalte beide Seiten des Wals, wie es dir gefällt, mit Augen, Maul, Flossen und Pailletten.

Das ist der Behälter für die Stifte.

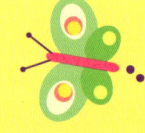

Diese Zettelbox aus einer
Käseschachtel passt gut
zum Stiftehalter.

Pinnwand

Postkarten, Fotos, Terminzettel – alles hat Platz auf
dieser Pinnwand, die du beliebig erweitern kannst.

Du brauchst:

- Grundmaterial Seite 9
- dicke Pappe, 40 x 40 cm
- 3 Korkuntersetzer, 17 cm
  Durchmesser
- Stoff- und Bänderreste
- Wollfaden, 10 cm lang
- 2 Reißnägel

12. April:
Sarahs Geburtstag

1. Mai:
Oma besuchen

So geht's:

1 Lege eine Korkscheibe auf die Rückseite eines Stoffstückes und zeichne ihren Umriss mit einem weichen Bleistift oder einem Kugelschreiber nach.

2 Zeichne im Abstand von 4 cm einen zweiten Kreis um den ersten. Schneide den Kreis entlang der äußeren Linie aus.

3 Schneide den Rand rundherum im Abstand von etwa 3 cm ein.

4 Klebe die Korkscheibe mit dünn aufgetragenem Bastelkleber auf den Stoffkreis. Den eingeschnittenen Rand klappst du nach hinten und klebst ihn fest an.

5 Klebe schöne Bänder auf die Vorderseite.

6 Wiederhole nun die Schritte 1 bis 5 mit den anderen beiden Korkscheiben.

7 Lege die Korkscheiben auf die Pappe, zeichne ihre Umrisse nach und schneide die Form, die wie ein Kleeblatt aussieht, etwas kleiner aus.

8 Lege die bezogenen Korkscheiben auf diese Form und beklebe die Lücke zwischen den Scheiben mit einem Stück Stoff. Danach klebst du die Scheiben auf.

9 Für die Aufhängung steckst du auf der Rückseite eine Wollschlaufe mit Reißnägeln fest.

21

Für mein Outfit

Schmuck kann man nie genug haben, ob Armband,
Kette oder Haarspange, am besten entwirfst du gleich für jedes
Outfit etwas in der passenden Farbe. So wirst du sicher alle
Blicke auf dich ziehen. Du kannst auch munter neu kombinie-
ren: Mach doch aus den Erdbeer-Taschenanhängern lustigen
Haarschmuck. Gestalte ein Eulenarmband oder hänge Glitzer-
blumen an deine Tasche oder an deinen Schlüsselbund – mit
den tollen Accessoires in deinen Lieblingsfarben bekommen
deine Sachen ein individuelles Aussehen und sorgen auch
an trüben Tagen für gute Laune.

23

Bunter Schmuck

Du magst es bunt und glitzernd? Dann mach dich gleich ans Werk! Über diesen tollen Schmuck werden auch deine Freundinnen staunen. Wäre das nicht mal was für eine Freundinnen-Bastelstunde?

Bei Ansteckern klebst du alle Teile aufeinander und eine Broschennadel auf die Rückseite.

So geht's:

1 Hefte immer zwei gleichförmige Moosgummiteile aufeinander, sodass in der Mitte ein „Tunnel" entsteht.

2 Schneide Gummifaden ab: für ein Armband 20 cm und für eine Halskette 30 cm.

3 Fädle mit der Nadel immer abwechselnd Moosgummiteile und Holzperlen auf. Beim Armband solltest du zuletzt ein Moosgummistück auffädeln.

4 Lege Armband und Kette flach auf den Tisch, die Rückseiten der Klammern liegen oben. Klebe die Strasssteine so auf, dass sie die Klammern verdecken. Lass den Klebstoff trocknen.

5 Ziehe beim Armband noch eine Holzperle auf. Verknote beide Enden des Gummis, nachdem du die Länge deinem Handgelenk angepasst hast. Gib etwas Kleber auf den Knoten und ziehe die Holzperle darüber. Auch bei der Kette versteckst du den Knoten unter einer Perle.

Du brauchst:
- Grundmaterial Seite 9
- Blumen und Scheiben aus Moosgummi in Gelb, Violett, Pink, Blau, Grün, 3–4 cm Durchmesser
- etwa 30 gleichfarbige Holzperlen
- Gummifaden, 60 cm lang, 1 mm Durchmesser
- Strasssteine, 6–12 mm Durchmesser
- Broschennadeln
- dicke, stumpfe Nadel
- Bürohefter

Haarschmuck

Die kleinen Eulen sehen in deinen Haaren supersüß aus! Der Haarschmuck ergänzt perfekt dein Outfit.

So geht's:

1 Zuerst bastelst du die Augen. Lege die Münze auf weißen Filz, zeichne die Umrisse nach und schneide sie aus. Für jede Eule brauchst du zwei Kreise.

2 Zeichne mit Kugelschreiber von außen nach innen rundum Linien auf. Klebe je ein Wackelauge in die Mitte.

3 Schneide aus Filz Quadrate von 7 mm (kleine Eule) und 10 mm (große Eule) Seitenlänge als Schnäbel und, eingeschnitten, als Federohren.

4 Die Teile klebst du auf die Filzeier und verzierst die Eulen mit Glitterpunkten. Du kannst gekaufte Filzeier verwenden oder die Formen nach der Vorlage auf Seite 60 selber aus dickem Filz schneiden.

5 Klebe die Eulen auf eine Spange, ein Haargummi oder auf ein geflochtenes Band.

Bastle dir auch
Anstecker und
Armbänder mit
kleinen Eulen.

Handytäschchen

Diese kleine Tasche schützt dein Handy vor Kratzern und sieht außerdem schön aus.

So geht's:

1 Schneide einen Streifen Filz von 9 x 30 cm zu.

2 Markiere mit Bleistift und Lineal die Mitte am linken Rand und 6 cm vom rechten Rand entfernt. Verbinde beide Punkte mit einer Linie.

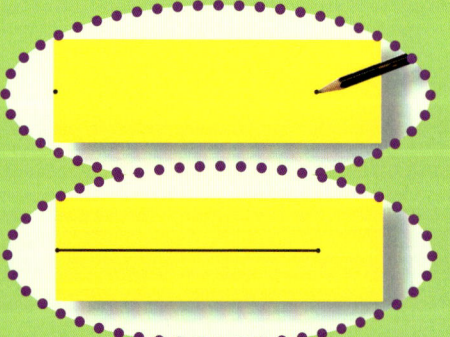

3 Klebe das blaue Band mit Bastelkleber so auf diese Linie, dass es links 17 cm übersteht, rechts lässt du das Ende lose hängen.

4 Stich mit der Nadel etwa alle 4 cm durch das Band und den Filz und stecke Klammern in die Löcher.

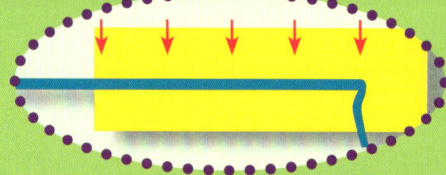

5 Drehe das Filzstück um und klappe den rechten Rand 12 cm breit um. Zeichne an den Rändern im Abstand von 1 cm Punkte auf, die du mit der Nadel durch beide Lagen einstichst. Stecke in jedes Loch eine Klammer.

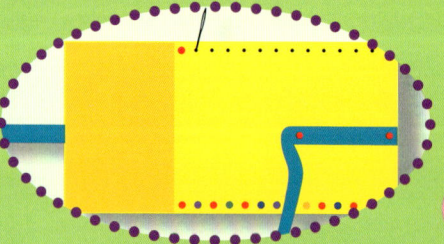

6 Schneide die Ecken der Klappe rund und verziere die Tasche mit einer Blume aus Filzresten.

So könnte deine Filz-blume aussehen.

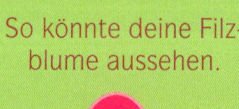

Geeignet für
Handys, die bis
zu 6 cm breit
und 11 cm lang
sind.

Taschenanhänger

Diese trendigen Erdbeeranhänger sind ein besonderer Schmuck für deine Lieblingstasche.

So geht's:

1 Zunächst suchst du Gegenstände, die als Schablonen für Kreise dienen können, etwa einen Bleistiftspitzer oder einen Spraydosendeckel.

2 Zeichne dann für jede Erdbeere drei jeweils gleich große Kreise auf: zum Beispiel zwei in Rot, einen in Grün. Schneide sie aus.

3 Halbiere die grünen Kreise und schneide Blattformen aus.

4 Die Kreise in Rot (oder in Pink, Orange) klebst du paarweise aufeinander und legst dabei jeweils eine 30 cm lange Kordel ein. Die unten herausragenden Kordeln sollten bei jeder Beere eine andere Länge haben.

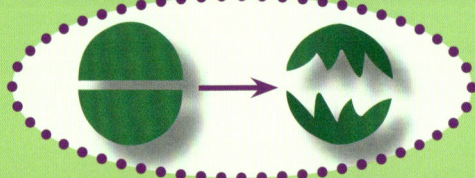

5 Klebe die grünen Blätter auf beide Seiten. Beschwere alle Beeren für eine halbe Stunde mit Büchern.

6 Gestalte die Gesichter mit den Wackelaugen und dem Glitterpen. Fädle unten Holzperlen auf. Knote alle oberen Kordeln an den Schlüsselring.

30

Bastle noch eine
einzelne Erdbeere
als Schlüsselanhänger.

Du
brauchst:

⊙ Grundmaterial Seite 9
⊙ Moosgummireste in Rot,
Orange, Pink, Grün ⊙ 8 Holzperlen in
Rot, 5–15 mm Durchmesser
⊙ Kordel in Grün, 1,20 m lang,
2 mm Durchmesser ⊙ Karabiner mit
Schlüsselring ⊙ je 2 Wackelaugen,
7 mm Durchmesser ⊙ Glitter-
pen in Hellgrün, Pink

Flauschiges Stirnband

Ist es draußen kalt und ungemütlich? Die bunten Stirnbänder mit den fröhlichen Püppchen bringen garantiert Farbe ins Grau!

So geht's:

1 Miss mit dem Maßband deinen Kopfumfang und schneide das Fleece 2 cm länger ab.

2 Klebe die Enden 2 cm überlappend mit Bastelkleber aufeinander. Presse die Naht mit Wäscheklammern zusammen, bis der Kleber getrocknet ist.

3 Schneide aus Filz für jede Figur ein Dreieck von 4 x 3 cm und einen Kreis, für den du die 1-Euro-Münze als Schablone verwendest.

4 Klebe 11 und 12 cm lange Wollfäden als Arme und Beine auf das Dreieck. Wende das Dreieck und klebe es auf das Fleece.

5 Klebe den Filzkreis als Kopf und Wollfäden als Haare auf. Gestalte das Gesicht mit Wackelaugen und Mund. Verziere das Kleid mit Glitterpen.

6 Probiere das Band an und schaue im Spiegel, ob dir die Fäden vor den Augen im Weg sind. Falls ja, kürze sie oder trage das Motiv seitlich. Fädle auf jeden Faden eine Perle. Verknote das Fadenende und klebe die Perle darüber.

Ergänze das Stirnband mit einem passenden Schal aus dem gleichen Fleece.

Du brauchst:

- Grundmaterial Seite 9
- Fleece in Orange, Grün, 10 x 60 cm
- Filzreste, 1 mm dick
- 12 Holzperlen, 5–7 mm Durchmesser
- 6 Wackelaugen, 5 mm Durchmesser
- Wollreste
- Glitterpen
- 1-Euro-Münze

Für
meine beste
Freundin

34

Du und deine beste Freundin, ihr seid ein gutes Team! Es macht euch Spaß, alles zu teilen und viel zusammen zu unternehmen. Ihr könnt euch alles erzählen. Da macht es dir sicher auch viel Freude, etwas Schönes für sie zu basteln, ob zum Geburtstag oder einfach so. Und natürlich könnt ihr euch auch gemeinsam an den Basteltisch setzen. Habt ihr beide zum Beispiel genau die gleichen Armbänder, kann jeder auf den ersten Blick sehen, dass ihr besonders eng verbunden seid.

Schmuckkästchen

Jedes Mädchen liebt Ringe, Ketten und Armbänder. Im Schmuckkästchen sind sie gut aufgehoben. Wetten, dass sich auch deine Freundin über so eine kleine Schatztruhe freut?

So geht's:

1 Entferne die aufgeklebten Papierbanderolen von den Eierkartons. Lassen sich die Aufkleber nur schwer lösen, versuche es mit einem Karton von einer anderen Firma.

2 Bemale die Schachtel erst außen und nach dem Trocknen innen in deiner Lieblingsfarbe.

3 Mit der Konturenschere schneidest du Rechtecke aus Tonpapier und gemustertem Papier. Klebe sie auf den Deckel und verziere sie mit Strasssteinen oder einem Namensschild.

4 Das Schachtelinnere legst du mit runden Filzscheiben aus, verwende dafür das Trinkglas als Schablone. Klebe Tonpapier auf die Deckelinnenseite.

Du brauchst:

◉ Grundmaterial Seite 9
◉ Eierkartons ◉ gemustertes Papier ◉ Tonpapier
◉ Filz, 1 mm dick ◉ kleines Trinkglas ◉ Strasssteine
◉ Acrylfarben
◉ Konturenschere

Wenn das
Kästchen glänzen
soll, überziehst
du es zuletzt mit
Acryllack.

Klara

Freundschaftsbänder

In Südamerika knüpfen Kinder gern Freundschaftsbänder aus Wolle und Garn. So ein Band wird am Arm getragen, bis es sich von selbst löst: Dann soll ein Wunsch in Erfüllung gehen. Bei den Bändern hier werden die Fäden nicht kompliziert geknüpft, sondern einfach um Moosgummi gewickelt.

So geht's:

1 Zeichne mit Kugelschreiber und Lineal 15 cm lange Streifen auf Moosgummi, die 1,5 oder 2 oder 2,5 cm breit sind. Schneide die langen Seiten mit der Zackenschere, die kurzen mit der normalen Schere.

2 Die Streifenlänge passt du deinem Arm (oder dem deiner Freundin) an: Sie sollte 2 cm kürzer als der Armumfang sein.

3 Etwa 1 cm vom Anfang des Bandes entfernt stichst du mit der Nadel ein Loch und ziehst den Faden durch. Lass ihn 12 cm überstehen. Nun umwickelst du das Band mit einem mindestens 1,50 m langen Faden.

4 Am Bandende angekommen, wechselst du die Richtung.

5 Je nach Länge des Fadens kannst du eine weitere Runde wickeln.

6 1 cm vom Bandende entfernt stichst du mit der Nadel ein Loch und ziehst den Faden durch. Lass ihn 12 cm überstehen, schneide den Rest ab.

7 Klebe die Pailletten auf das Band.

Du brauchst:
- Grundmaterial Seite 9
- Moosgummi- und Wollreste in verschiedenen Farben
- Pailletten
- dicke Stopfnadel
- Zackenschere

3

4

5

7

Tolle Farbkombinationen und glitzernde Pailletten
machen diese Armbänder zu einem besonderen
Geschenk für deine beste Freundin – nicht nur
zum Geburtstag.

Schlüsselkrokodil

Das Krokodil sieht nicht nur lustig aus, es ist auch praktisch: Es macht den Schlüssel deiner Freundin auffälliger und sie findet ihn schneller, wenn sie ihn verlegt hat.

So geht's:

1 Zeichne mithilfe des Deckels einen Halbkreis auf das grüne Moosgummi. Die Seiten verlängerst du um etwa 6 cm, sodass eine Form wie bei einem Rundbogentor entsteht. Schneide sie aus und verwende sie als Schablone für eine zweite Form.

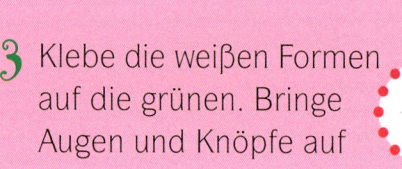

2 Zeichne den Halbkreis zweimal auf weißes Moosgummi und ergänze die Krokodilzähne. Schneide alles aus.

3 Klebe die weißen Formen auf die grünen. Bringe Augen und Knöpfe auf einem der beiden Teile an.

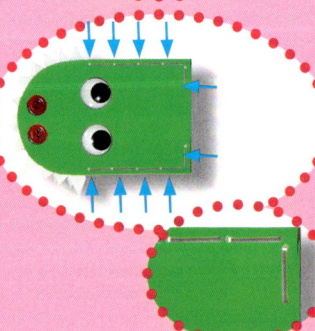

4 Klammere beide Teile mit dem Hefter an den langen geraden Seiten zusammen. Setze an den Ecken je eine Klammer.

5 Bemale das Krokodil mit Plusterpen und überdecke dabei die Klammern.

6 Knote den Ring an die Kordel und ziehe sie durch das Maul.

Oben einfach an der Schnur ziehen und schon verschwindet der Schlüssel im Maul des Krokodils.

Du brauchst:

◦ Grundmaterial Seite 9
◦ Moosgummi in Weiß, Grün, 15 x 15 cm ◦ 2 Wackelaugen, 16 mm Durchmesser ◦ 2 Knöpfe, 10 mm Durchmesser
◦ Kordel, 80 cm lang
◦ Schlüsselring ◦ Plusterpen in Pink, Hellgrün ◦ Marmeladenglasdeckel, 6,5 cm Durchmesser ◦ Bürohefter

Für meine beste Freundin

Blütenschälchen

Nie wieder suchen! Wenn deine Freundin abends vor dem Schlafengehen ihre Ringe abnimmt und in die Blütenschalen legt, findet sie ihren Schmuck am nächsten Morgen gleich wieder.

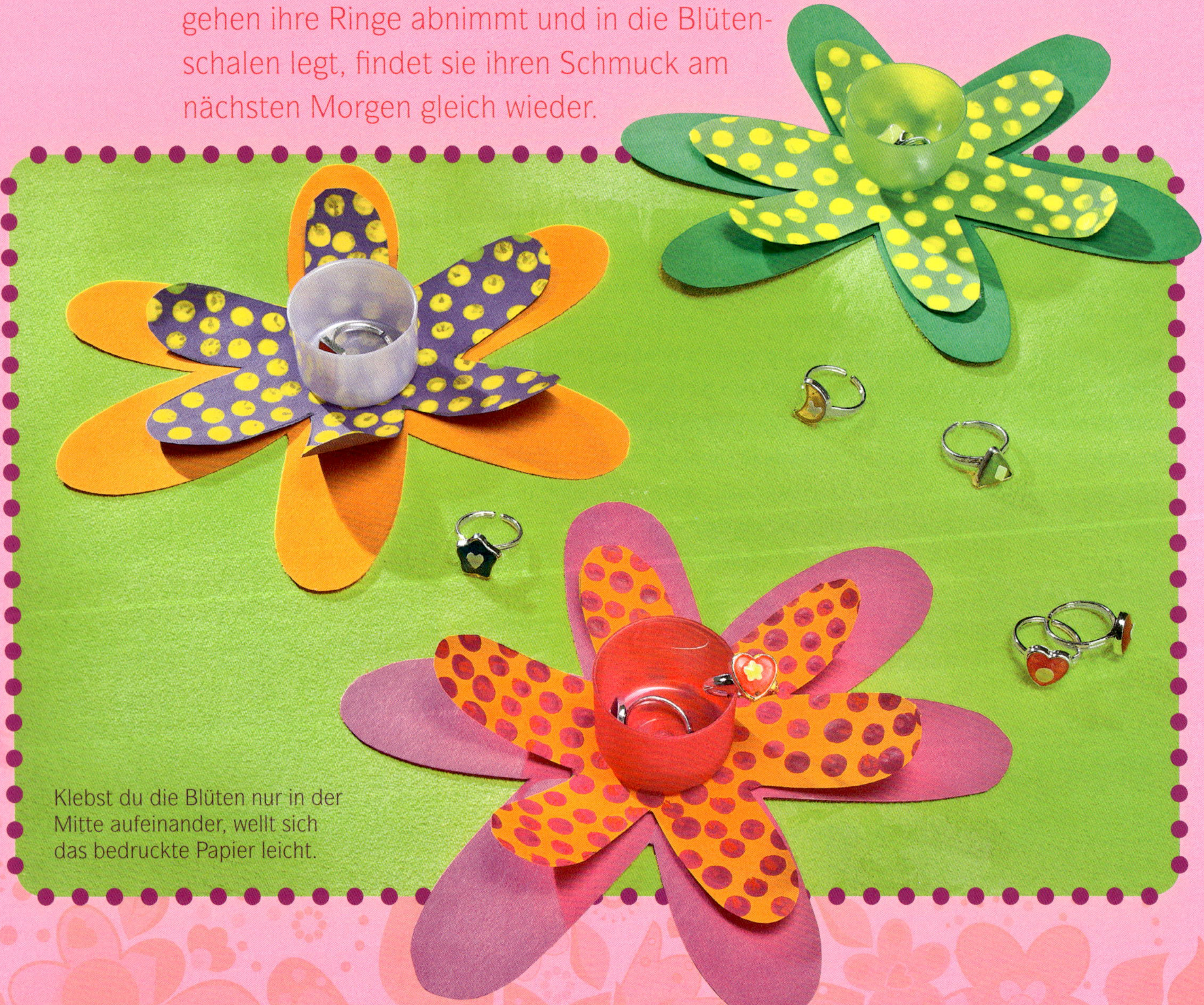

Klebst du die Blüten nur in der Mitte aufeinander, wellt sich das bedruckte Papier leicht.

So geht's:

1 Zeichne den Umriss der 2-Euro-Münze mit Bleistift mitten auf das weiße Papier. Nun zeichnest du um diesen Kreis eine Blüte mit sechs Blättern und darum mit ein wenig Abstand eine zweite, die etwas größer ist. Diese große Blüte sollte einen Durchmesser von etwa 16 cm haben. Du kannst stattdessen auch die Vorlage auf Seite 60 abpausen.

2 Schneide die äußere Blüte aus, das ist deine Papierschablone.

3 Lege diese Schablone auf Fotokarton und zeichne ihre Umrisse nach. Willst du mehrere Blütenschalen basteln, wiederholst du das entsprechend oft. Schneide alle Blüten aus.

4 Verkleinere deine Schablone, indem du die innere Blüte ausschneidest. Mit dieser Form fertigst du eine bzw. mehrere Blüten aus Tonpapier an.

5 Drucke mit Wattestäbchen Acrylfarbe punktförmig auf die Blüten aus Tonpapier. Lass die Farbe trocknen.

6 Klebe die kleinere Blüte jeweils auf die größere und in die Mitte einen Plastikdeckel als Schale.

Du brauchst:

- Grundmaterial Seite 9
- Papier in Weiß, A4
- Fotokarton • Tonpapier
- kleine Deckel von Deospraydosen • 2-Euro-Münze
- Acrylfarben
- Wattestäbchen

Wandspiegel

Dieser Spiegel ist viel mehr als nur ein praktischer Gegenstand: Mit seinen bunten Herzen auf dem Holzrahmen ist er in jedem Zimmer ein Hingucker und ein tolles Geschenk.

So geht's:

1 Schneide die aufgedruckten Herzen aus der Serviette oder zeichne Herzen (Vorlagen findest du auf Seite 61) auf die Rückseite der bunten Serviette und schneide sie aus. Ziehe die beiden untersten Schichten der Serviette ab.

2 Streiche mit dem weichen Pinsel Serviettentechniklack in der Größe eines Herzens auf den Holzrahmen. Lege das Motiv auf und streiche es vorsichtig von innen nach außen glatt. So machst du weiter, bis der Rahmen gefüllt ist.

3 Nach dem Trocknen streichst du mit dem stumpfen Ende eines Bleistiftes die Umrisse aller Herzen glatt.

4 Zeichne mit dem Bleistift geschwungene Linien und Spiralen zwischen die bunten Herzen und ziehe sie mit dem Glitterpen nach.

Du brauchst:

- Grundmaterial Seite 9
- Holzrahmen mit Spiegel, 26 x 26 cm (zum Beispiel im Möbelhaus erhältlich) • Serviette mit Herzen oder bunt gemustert
- Serviettentechniklack
- Glitterpen in Grün
- weichen Pinsel

Für
meine Familie

46

Gelegenheiten für Geschenke gibt es viele: Geburtstag, Mutter- oder Vatertag, ein Jubiläum, Ostern oder Weihnachten. Vielleicht willst du dich für etwas bedanken, dich entschuldigen oder „Gute Besserung" wünschen. Hier findest du Ideen, die dem Beschenkten ohne viel Worte sagen: „Ich denke an dich und ich mag dich gern." Du kannst die Sachen auch in anderen Farben basteln, um den Geschmack des Beschenkten besser zu treffen. Und natürlich sind unsere Zuordnungen nur Vorschläge, zum Beispiel ist die Puppe nicht nur etwas für deine kleine Schwester, auch deine jüngere Cousine freut sich über sie.

47

Herzbild

Wenn du deiner Mama sagen willst: „Ich hab Dich lieb!", dann hast du mit diesem Bild genau das Richtige gefunden: Ein Herz spricht ohne Worte …

So geht's:

1 Schneide aus Pappe vier Quadrate von etwa 10 x 10 cm und klebe sie zu einem Stapel aufeinander.

2 Wickle den Stapel wie ein Geschenk in Papier ein und verklebe die Papierecken auf der Unterseite mit Klebefilm. Dann klebst du den Stapel mit Alleskleber oben auf den Schuhkartondeckel.

3 Male den Deckel erst weiß und nach dem Trocknen rot an. Färbe auch die Kanten des aufgeklebten quadratischen Stapels rot.

4 Zeichne mit dem Bleistift ein kleines Herz auf das Quadrat und male es rot aus. Umrande das Herz nacheinander mehrmals mit Orange und Pink und lass die Farbe zwischendurch trocknen. Die Ecken malst du zuletzt rot aus.

5 Male mit Orange Strahlen auf den Schuhkartondeckel und drucke mit Wattestäbchen pinkfarbene Punkte auf.

48

Dem fertigen Bild sieht man nicht mehr an,
dass es einmal ein Schuhkartondeckel war.

Du brauchst:

- Grundmaterial Seite 9
- Deckel von einem Schuhkarton
- Pappe von einem Pappkarton, 20 x 20 cm
- weißes Papier, A4
- Acrylfarben in Weiß, Orange, Pink, Rot
- Wattestäbchen
- Klebefilm

Puppe Zoe

Ein ganz besonderes Geschenk für deine kleine Schwester: eine selbst gemachte Puppe. Du kannst ihre Haarfarbe und ihr Kleid individuell gestalten.

So geht's: Schau zugleich auf die Abbildungen rechts!

1 Biege den Draht, am Hals beginnend, zu einer etwa 17 cm großen Figur.

2 Umwickle den Draht mit Watte, die du mit Klebeband fixierst, lass am Hals etwas Draht frei.

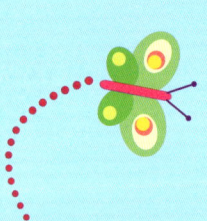

3 Bitte einen Erwachsenen, mit der Scherenspitze ein Loch in den Tennisball zu stechen. Umwickle die Figur fest mit einer Mullbinde, streiche Kleber auf den Drahthals und stecke den Ball als Kopf auf. Lege das Ende der Binde unten um den Ball und klebe es fest.

4 Male die Figur in mehreren Schritten rosafarben an und lass die Farbe gut trocknen.

5 Für das Kleid schneidest du aus Stoff zwei Quadrate von 15 x 15 cm zu. Ein Stoffstück legst du unter, das andere auf die Puppe. Klebe die oberen Ecken an der Schulter fest und die seitlichen Stoffkanten aneinander. Als Kragen und Gürtel bringst du Bänder an.

6 Klebe die Augen und einen Wollfaden als Mund auf. Male mit dem Stift Sommersprossen aufs Gesicht. Für die Haare wickelst du Wolle fünfzigmal um ein Glas, ziehst sie ab und schneidest sie an einer Stelle auf. Klebe sie am Hinterkopf und auf dem Kopf fest.

1

2

3

4

5

Du brauchst:

◦ Grundmaterial Seite 9
◦ Draht, 1 m ◦ Watte ◦ Klebeband
◦ Tennisball ◦ Mullbinde
◦ Stoff- und Wollreste
◦ Textilgeschenkband, 40 cm
◦ Wackelaugen, 10 mm Durch-
messer ◦ Acrylfarbe und Stift
in Rosa ◦ Filzblume
◦ Glas

Rollmäppchen

Viele bunte Stifte machen sich besonders gut in diesem Mäppchen, aber auch Pinsel und Füller sind hier prima untergebracht.

Vor dem Zusammenrollen wird der obere Mäppchenrand etwa 5 cm nach innen geklappt.

Du brauchst:

- Grundmaterial Seite 9
- Wachstuch in Blau, 25 x 35 cm
- Textilgeschenkband in Pink, 1 cm x 1 m
- Stoffreste in Pink, Grün
- 40 Blümchen- oder Rundkopfklammern, 4 mm Durchmesser
- spitze Stopfnadel oder Prickelnadel

52

So geht's:

1 Lege das Wachstuch mit der weißen Seite nach oben quer vor dich hin und klappe die rechte Seite 11 cm nach links um.

2 Zeichne mit Kugelschreiber Linien im Abstand von 3 bis 4 cm auf das umgeklappte Teil.

3 Stich mit der Nadel an den Linienenden und etwas vom Rand entfernt entlang der Linien durch beide Lagen.

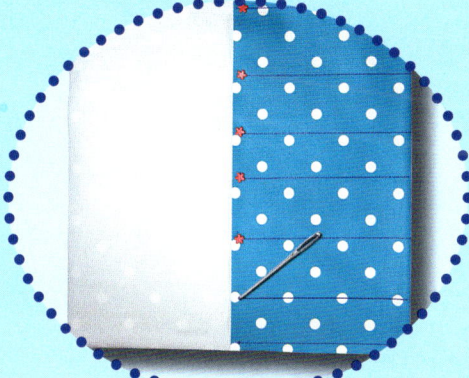

4 Stecke Klammern in die Löcher. Nun setzt du auf den Linien weitere Klammern, damit tunnelartige Fächer entstehen.

5 Schneide an der linken Kante eine Öffnung für das Band (siehe auch rechtes Bild auf Seite 52). Fädle es ein und sichere es mit einer Klammer.

6 Die Rückseite des Mäppchens verzierst du mit Klammern und mit Motiven, die du aus Stoffresten schneidest. Klebe die Motive direkt auf die Klammern, die du in Schritt 4 angebracht hast.

Für meine Familie – für Mama, Papa, Oma und Opa

Brotkörbchen

Dieser Brotkorb ist ein Geschenk für die ganze Familie und ein fröhlich bunter Hingucker auf dem Frühstückstisch.

Du brauchst:

- Grundmaterial Seite 9
- Transparentpapier in zwei bis drei Farben, je 70 cm x 1 m
- Tapetenkleister ◦ Luftballon, 25 cm Durchmesser (Standardgröße) ◦ kleine runde Plastikschüssel ◦ Schraubglas
- Kreppklebeband
- Esslöffel

54

So geht's:

1 Gib drei Esslöffel Kleister-pulver in das Schraubglas und fülle es mit Wasser auf. Verschließe dann das Glas und schüttle es innerhalb der nächsten 20 Minuten immer wieder.

2 Puste den Luftballon auf und verknote seinen Hals. Klebe den Ballon mit Kreppklebe-band auf die Plastikschüssel: für ein rundes Körbchen aufrecht und mit dem Hals nach unten (siehe Abbildung), für ein ovales Körbchen quer liegend.

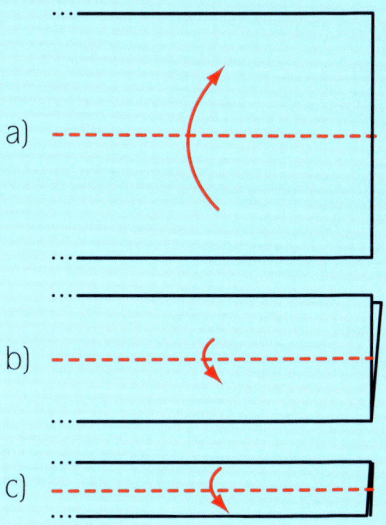

3 Schneide das Transparent-papier in Streifen: für den runden Korb 16 mal 8 x 50 cm; für den ovalen Korb 14 mal 12 x 50 cm; für beide jeweils einmal 8 cm x 1 m.

4 Falte die 50 cm langen Streifen:
a) der Länge nach in der Mitte
b) und noch einmal
c) und dann noch einmal.

a)

b)

c)

5 Klappe diese Streifen auf und bestreiche sie mit Kleister. Schließe sie und bestreiche sie mit den Händen auch außen mit Kleister.

6 Lege die Streifen von einem Punkt ausgehend um den Ballon, wo sie sich wieder an einem Punkt treffen. Weitere Streifen legst du quer dazu. Kleistere alles ein und lass es über Nacht trocknen.

von oben
von der Seite

7 Stich den Ballon auf und ziehe ihn heraus. Schneide den Korbrand gerade ab.

8 Falte den langen Streifen zweimal längs in der Mitte, klebe ihn mit Kleister erst zusammen und dann um den Korbrand.

Blumenvase

Du schenkst deiner Oma gern Blumen zum Geburtstag? Hier ist die passende Vase dazu, über die sie sich bestimmt freut. Gestalte die Vase in ihrer Lieblingsfarbe!

So geht's:

1 Suche zunächst eine passende Glasflasche, in der zum Beispiel vorher Saft oder Wasser war. Spüle sie mit Wasser und Spülmittel aus.

2 Schneide aus Filz ein breites Band, das um die Mitte der Flasche passt (miss mit dem Maßband) und gib ein Stück dazu, damit du die Enden übereinanderkleben kannst. Schneide ebenso ein schmales Band für den Flaschenhals.

3 Gestalte das breite Filzband, indem du Wellen oder runde Löcher hineinschneidest (nimm eine Münze als Schablone) oder schneide die Kante mit der Zackenschere nach.

4 Gib Klebstoff auf die Filzstreifen und lege sie um die Flasche. Achte darauf, dass Anfang und Ende der Bänder immer auf der gleichen Seite der Flasche liegen.

5 Klebe farblich passende Textilbänder auf oder neben die Filzstreifen. Willst du eine Kordel aufkleben, streichst du den Klebstoff direkt auf die Flasche und legst dann die Kordel auf.

Du brauchst:

- Grundmaterial Seite 9
- leere Glasflaschen
- Filz, 1 mm dick, 20 x 30 cm
- farblich passende Kordel- und Bänderreste
- Zackenschere
- Münzen

Wachhund Max

Max passt auf! Entweder auf Briefe, Postkarten und Zettel oder er gibt darauf acht, dass die Tür nicht zufällt. Als Briefbeschwerer oder Türstopper – Max ist ein lustiges und praktisches Geschenk für Papa oder deinen Bruder!

So geht's:

1 Male den Stein violett an und lass die Farbe trocknen.

2 Schneide aus Moosgummi zwei Ovale (siehe Vorlage auf Seite 61) für die Ohren und drei Kreise für die Nase aus. Klebe die Kreise aufeinander.

3 Klebe Ohren, Augen und Nase auf den Stein und zeichne das Maul mit Filzstift auf.

4 Für das Halsband brauchst du einen 2 cm breiten Moosgummi-streifen, den du so um den Stein legen kannst, dass sich beide Enden überlappen. Stich mit der Nadel Löcher hinein und stecke die Klammern ein. Klebe das Band dann um den Stein.

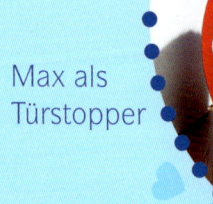

Max als Türstopper

Hier bewacht Max gerade Briefe und Karten. Er ist so schwer, dass die Papiere auch bei starkem Durchzug nicht davonflattern.

Du brauchst:

◉ Grundmaterial Seite 9
◉ Stein, etwa 10 x 8 x 6 cm
◉ Moosgummireste in Violett, Schwarz, Rot ◉ 2 Wackelaugen, 18 mm Durchmesser ◉ Rundkopf-klammern ◉ Acrylfarbe in Violett ◉ wasserfesten Filzstift in Schwarz ◉ spitze Nadel oder Prickelnadel

Vorlagen

Wie du die Umrisse der Vorlagen auf dein Material überträgst, steht auf Seite 8.

Stiftehalter
Seite 18/19

Haarschmuck
Seite 26/27

Blütenschälchen
Seite 42/43

60

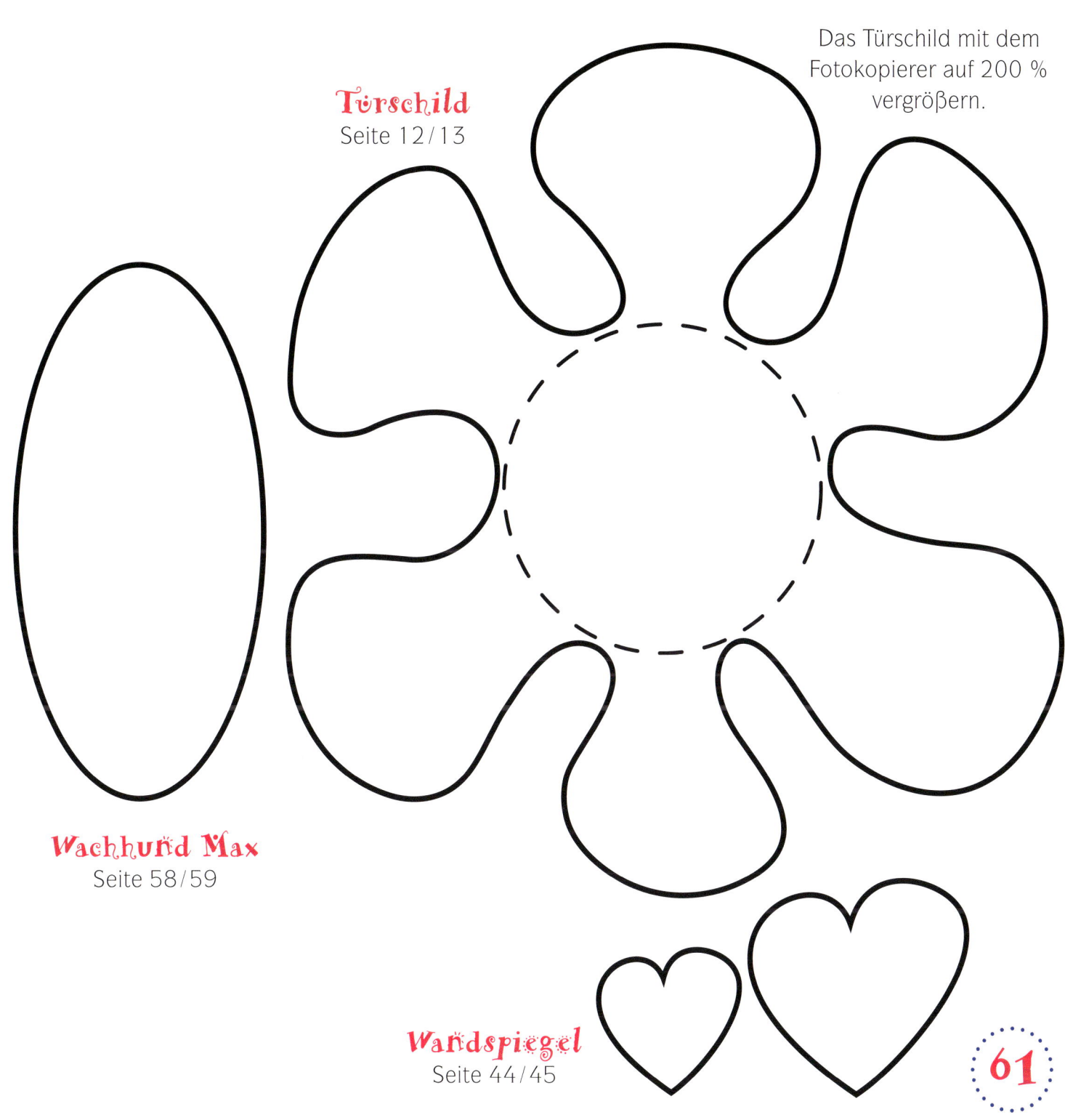

Türschild
Seite 12/13

Das Türschild mit dem
Fotokopierer auf 200 %
vergrößern.

Wachhund Max
Seite 58/59

Wandspiegel
Seite 44/45

61

Geburtstagskalender

Nie mehr die Geburtstage deiner Lieben vergessen!

Schreibe sie in die Monatsfelder, damit du rechtzeitig ein Geschenk basteln kannst.

Januar

Februar

März

April

Mai

Juni